Mirona Păun

Tzitzi şi Poc
învață să spună adevărul

Mulțumiri **MIHAELEI ȚÎMPĂU,** co-fondator al programului de educație socioemoțională **Tzitzi-Poc**, care a contribuit la această serie de cărți cu experiența ei în lucrul cu copiii!

Descrierea CIP a Bibliotecii Naţionale a României
PĂUN, MIRONA
Tzitzi şi Poc învaţă să spună adevărul / Mirona Păun ; il. de Teodora Savu. - Bucureşti : Bookzone, 2023
ISBN 978-630-305-136-9
I. Savu, Teodora (il.)
087.5

Redactor: **Justina Ene, Mariana Alexandru**
Grafician copertă: **Teodora Savu**
Tehnoredactor: **Anca Marisac**

Editura Bookzone
Şoseaua Berceni nr. 104, sector 4, Bucureşti
Comenzi şi informaţii:
Telefon: +40 774 091.579; +40 770 584.429
E-mail: office@bookzone.ro
www.bookzone.ro

Mirona Păun

Tzitzi şi Poc
învață să spună adevărul

Ilustrații de
Teodora Savu

Bookzone
BUCUREŞTI, 2023

Un lucru pe care e musai să-l știi despre Poc este că adoră covoarele pufoase: pe cele de bucătărie, de sufragerie, de dormitor, de hol, chiar și pe cele de la intrare. Ține neapărat să se cuibărească într-unul de fiecare dată când îl vede. Problema apare atunci când merge la cumpărături cu Tzitzi și familia ei și intră într-un magazin care are un astfel de covor. Închipuie-ţi un **ditamai** dinozaurul (da, a mai crescut de la povestea cu Airuf – și-n greutate, și-n înălțime,

ditamai = care este (foarte) mare

și-n istețime!) care se **tăvălește** ca o pisicuță pe covorul pufos. Ei bine, asta se întâmplă de fiecare dată când îi vizitează pe Buni-Șoricica și pe Bunicel-Șoricel. Primul lucru pe care-l face când intră în casă nu este să-și pună haina în cuier și încălțămintea la locul ei, după ce s-a descălţat. Nuuu, el se aruncă direct în pufoșenia covorului, ca și cum nimic pe lume nu mai există în acel moment. Cum s-ar spune... Poc trăiește pufoșenia la maximum!

a se tăvăli = a se rostogoli, a se suci pe o parte și pe cealaltă

În rândurile ce urmează nu îți voi povesti, însă, despre pufoșenia covorului sau despre cât de tare se bucură Poc de ea. Acesta va fi un episod amuzant, cu multe învățăminte, ce se întâmplă fix pe covorul pufos de care îți povesteam.

Era o zi obișnuită de primăvară. Buni-Șoricica îl luă pe Poc de la grădiniță și veniră împreună acasă. Bunicel-Șoricel merse după Tzitzi la școală, urmând să se întoarcă împreună. Acolo rămâneau întotdeauna cu toții până când părinții veneau să-i ia.

Buni-Șoricica era în bucătărie și pregătea masa ca să fie gata când urma să sosească și Tzitzi. Poc se juca mereu în timp ce Buni-Șoricica gătea, iar în acea zi alesese jocul „De-a nava zburătoare". Și, pentru că își uitase cuburile acasă, privi de jur împrejur și găsi o vază. Ce să vezi, vaza era goală, numai bună de transformat într-o navă.

Poc își luă uneltele și începu s-o pregătească. Ups, cred că jocul se numește „De-a Tzitzi".

Îți mai amintești că Tzitzi a construit o navă cu care s-a teleportat în timp, în epoca dinozaurilor? Ei bine, lui Poc îi plăcea când își vedea prietena că inventează aparate și jucării nemaivăzute, așa că unul dintre jocurile lui preferate era „De-a Tzitzi". Și găurea, și înșuruba, și se străduia să facă nava să funcționeze.

— Cred că este gata, își spuse Poc. Și 3,2,1, apăs butonul de pornire, beculețele au început să clipocească, motoarele sunt activate. Atențieee, decolăm!

Și Poc se învârtea, când în stânga, când în dreapta, încercând să mențină direcția corectă a navei. La intrarea în atmosferă s-a cam dezechilibrat și, ce să vezi, POC! Vaza — pardon, nava — s-a prăbușit și s-a făcut țăndări. Țăndări de-a dreptul! Doar că nava nu era din cuburi, care se puteau repara oricând, ci era o vază de sticlă. Și vaza de sticlă tocmai se spărsese. Asta era problema! Adio, joc „De-a Tzitzi", adio joc „De-a nava"! Poc începu să tremure de spaimă gândindu-se că Buni-Șoricica se va supăra foarte rău când va vedea ce s-a întâmplat.

— Ce? Ce? Ceeee? Ce fac acuuum? Ce-a fost în capul meu? se întrebă Poc, încercând să potrivească cioburile unul câte unul la locul lui. Haide, Poc, concentrează-te, e ca la puzzle, ai făcut un milion până acum. Am nevoie de lipici, o s-o fac ca nouă. O s-o lipesc puțin aici și aici, gândea Poc în timp ce se **străduia** s-o lipească. Auuu! M-am lipit de lăbuță!

Văzând că nu funcționează cu lipitul, Poc se gândi că poate cumpăra o altă vază din banii lui pentru bicicletă.

— Pot face asta abia peste cinci luni, că nu am atâția bani acum. Ce mă fac până atunci? Știiiu, o s-o ascund!

Și Poc fugi să ia o mătură.

a se strădui = a încerca

— Nici n-o să-și dea seama că lipsește, își spunea Poc în timp ce aduna cioburile cu mătura. O să spună: „Unde a dispărut... ? Poate a mutat-o Bunicel-Șoricel sau poate a făcut-o cadou." Și dacă mă va întreba, îi voi spune că n-am văzut-o niciodată, plănuia Poc. Și acum... ce fac cu cioburile? La gunoi nu le pot duce, Buni e în bucătărie și va observa. Știu, le voi băga sub covorul pufos!

După ce ascunse bine cioburile vazei — pardon, ale navei —, Poc își luă cartea și începu să citească. Dar stătea numai cu un ochi la carte, pe când cu celălalt pândea momentul în care Tzitzi și Bunicel-Șoricel aveau să sosească acasă. Știi de ce? Pentru că tot atunci Poc trebuia să se ridice de pe mormanul de cioburi pentru a merge la masă.

Nu trecu mult și ușa se deschise. Poc salută **bâlbâindu-se**; se simțea foarte emoționat.

a se bâlbâi = a pronunța sunetele sau cuvintele într-un mod greu de înțeles, repetându-le și împiedicându-se în rostirea lor, din cauza unui defect natural, a emoției sau a enervării.

— Poc, ce faci? întrebă Tzitzi, în timp ce se descălța și își punea pantofii la locul lor. Nu-mi răspunde încă, merg la baie să mă spăl pe lăbuțe.

— Vin și eu, răspunse Poc.

Însă își dădu seama că nu se poate mișca de pe covorul pufos, sub care ascunsese nava, cât timp era cineva în sufragerie.

— M-am răzgândit, nu mai vin, spuse Poc.

Tzitzi se întoarse de la baie și primul lucru pe care îl observă fu mătura.

— Ce-i cu mătura asta aici?

— Cum adică? răspunse Poc. Ce p-poți să faci cu o mătură? se bâlbâi el. Astăzi am măturat sufrageria.

— Tu, Poc? Ție nu-ți place să mături.

— Dar de data asta am făcut-o. În plus, mătura lui Buni-Șoricica are o culoare frumoasă, uite, e albastră, ca mine. Normal că îmi place să mătur cu ea.

Tzitzi simți că se întâmplă ceva ciudat.

— Ești sigur, Poc?

— Mai sigur de atât nu am fost niciodată. Mai bine hai să ne jucăm, propuse Poc.

— Gata cu joaca, spuse Buni-Șoricica, ieșind din bucătărie. Masa e gata.

Ceea ce nu putea să facă. Așa că folosi covorul pe post de mop și șterse apa din jur. După ce-l folosi, acoperi cu grijă „nava".

— A fost delicios! spuse Tzitzi și se așeză alături de Poc, pe covor, cu burtica plină. Iaaac, de ce este ud? ţipă și sări numaidecât în picioare.

— Ba nu e ud, răspunse Poc.

— Ai uitat să mergi la toaletă? Spune drept! îl întrebă Tzitzi.

— Așa e covorul în fiecare zi, se bâlbâi el.

Însă își dădu seama că nu mai are cum să ascundă adevărul și o chemă pe Tzitzi lângă el, gata să mărturisească.

— Tzitzi, hai să închidem ochii amândoi și să ne imaginăm că acest covor nu e ud,

că mie nu-mi este foame, că sub covor nu este o vază care tocmai s-a spart. Și că nu este vaza lui Buni-Șoricica, iar eu nu voi fi certat pentru asta.

— Oh, Poc, asta încercai tu să ascunzi?

— Nu vreau să se supere Buni-Șoricica pe mine. Dacă nu-mi va mai pregăti niciodată mâncarea preferată? Dacă mă va lăsa la grădiniță pentru totdeauna? Dacă nu va mai vrea să fie și Buni-Șoricica mea?

— Poc, exagerezi. Buni-Șoricica nu se supără pentru atâta lucru. E doar o vază.

— Ba nu e doar o vază, este vaza ei preferată.

— De unde știi? întrebă Tzitzi.

— Am auzit-o eu spunând asta.

— Ciudat, eu am auzit că vaza aceea e preferata ei, spuse arătând către vaza de cristal din vitrină. Poc, de obicei, atunci când facem o prostie, ne temem că vom fi certați. Atunci încercăm să ascundem adevărul și mințim. În plus, ne imaginăm o mulțime de lucruri rele care se pot întâmpla dacă suntem descoperiți. Asta ai făcut și tu.

— Adică vrei să spui că nu e așa de grav precum mi-am imaginat?

— Putem afla într-un singur mod. Hai să-i spunem lui Buni-Șoricica!

— Doar dacă mă ții de mână, spuse Poc.

Și merseră împreună să-i povestească năzdrăvănia. Așa cum îi spusese Tzitzi, Buni-Șoricica se bucură că Poc i-a mărturisit și nu se supără deloc.

— Cred că ți-e tare foame, dragă Poc. Să știi că voi fi Buni-Șoricica ta pentru totdeauna, indiferent câte năzdrăvănii vei face. Data viitoare când vrei să te joci „De-a Tzitzi" sau „De-a nava spațială", să vii să-mi spui. Am câteva obiecte care s-ar potrivi de minune în joc și nici nu sunt periculoase, precum vaza de sticlă.

Poc răsuflă ușurat. Ce obositor a fost să spună minciuni! Așa că își promise în sinea lui să spună întotdeauna adevărul.

BOOKZONE